Erros Mais Comuns do Iniciante na Bolsa

E Como Evitá-los

I0470393

Rodrigo Baldin

Impresso no Brasil 2019

Rio de Janeiro

Dedicatória

Aos meus pais, irmão, esposa e, em especial, aos meus filhos Bárbara e Arthur.

Sobre o autor

Com sólida experiência em finanças, que inclui dois concursos públicos em grandes empresas como a Caixa Econômica Federal e a Dataprev, possui ainda importantes cursos de aperfeiçoamento por renomadas instituições do mercado, como o New York Institute of Finance, a Universitat Politécnica de Valencia e Harvard. É assessor de investimentos e sócio da Triuno Investimentos.

Contatos: rodrigo.baldin@triunoinvestimentos.com.br

www.triunoinvestimentos.com.br

https://www.linkedin.com/in/rodrigo-baldin-396039b7

INTRODUÇÃO

Como em toda área complexa e inovadora, como é o mercado de capitais, os iniciantes sofrem um bocado para encontrar as mais simples respostas. Muitos, a maioria mesmo, desiste no caminho ou simplesmente "larga de mão", esquece as ações que tem em carteira para ver se "um dia volta". Muito frequentemente, esses iniciantes entraram na alta, na euforia, compraram caro e, sem saber o que fazer quando as ações começaram a cair, entraram em pânico e travaram ou fugiram.

Dentre tantos casos que eu poderia contar, dois são os mais claros dessa tendência destrutiva dos iniciantes na Bolsa. O primeiro é o irrealismo, a loucura de se imaginar que a renda variável somente oscila para cima, só sobe. Já teve gente que mostrou que se fosse assim, todos teriam ações, todos seriam ricos e a renda variável mudaria de nome, viraria "renda que só varia para cima"...

Brincadeiras à parte, nada faz sentido apenas crescendo. Os ciclos de queda e recessão são comuns e devem ser esperados, preparando-se adequadamente para eles. Já o segundo caso diz respeito ao uso direto das ações, pois é impressionante como a imensa maioria das pessoas que dá o salto de comprar uma ação nada faz com elas. Com outros bens comprar e esquecer seria irracional. Quem compra um carro e deixa na garagem, sem nunca tirar? Ou compra um imóvel e deixa anos a fio parado?

Infelizmente, é até possível que nós conheçamos casos de um colecionador que comprou um Monza e deixou na garagem duas décadas, só para mostrar o carro novinho tanto tempo depois, ou aquela pessoa que prefere deixar o apartamento fechado, mofando, para não alugar ou mesmo vender, pois considera que os preços do aluguel ou de venda não estão bons.

Ora, esses são exemplos extremos que em nada mudam a regra básica do porquê temos um bem: melhorar de vida. Só deveríamos comprar aquilo que nos ajuda a melhorar de vida e ter um bem financeiro deveria trazer frutos (remuneração, juros) que compensem o esforço de não consumir no presente e investir no futuro.

Investir trata sempre de questões futuras, se abrimos mão de algo no presente acreditando no futuro devemos ter bem claro que deve valer a pena, ter os objetivos claros e as estratégias para chegar. A base desse pequeno livro é livrar o investidor iniciante dos erros que atrapalham seriamente esse processo de entrada e manutenção das pessoas na Bolsa.

ÍNDICE

Erro 1 – Investir em um Fundo Mono Ação

Ou a loucura de pagar R$1.000 <u>todo ano</u> por uma pizza brotinho de R$22

Ninguém é louco o suficiente de entrar numa pizzaria, pedir o cardápio, ver ali uma pizza brotinho de que gosta muito (digamos, calabresa) e fazer o seguinte pedido ao garçom:

"Quero uma pizza brotinho de calabresa, mas não vou pagar 20 reais, mas 1.000, ok?"

"E tem mais, senhor garçom, ao que vem eu volto aqui e te pago mais 1.000. Depois mais 1.000, enquanto eu gostar dessa pizza de calabresa que eu vou comer agora, nem quero outras! É só e somente só essa pizza mesmo"

O preço está embutindo o lucro do restaurante, certamente, então, 22 reais está bem pago. Por que então os outros 978 pagos extra parecem maluquice? Porque não tem retorno algum, claro! Repito, a pizza custa 22 reais e dar uma gorjeta ao garçom, pagar taxa de serviço é bacana, mas aí já é demais, não é mesmo?

Exatamente isso faz o investidor que decide entrar na Bolsa, vai no internet banking e vê o famigerado "Fundo Petrobrás", "Fundo Vale", dentre outros e decide investir por ali. Não tome minha palavra apenas, veja este exemplo:

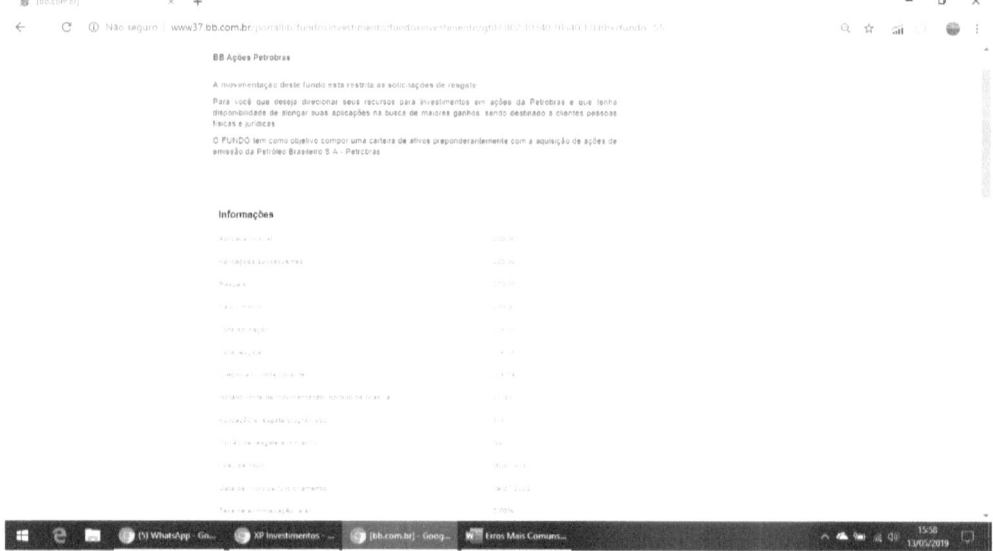

É isso mesmo que vc está lendo, 2% de taxa de administração! Só faltou cobrar taxa de performance... Absurdo!

O que significa que um investidor que queira investir 50 mil reais na Petrobrás vai pagar 1.000 reais **POR ANO** de taxa de administração. Pizzazinha cara, hein? Agora vem a resposta:

Este mesmo investidor pode e deve abrir uma conta em uma corretora, gratuitamente, abrir o home broker (sistema de negociação da Bolsa), digitar PETR4, clicar em compra e pow! Estará feito o mesmo investimento e a "pizza" terá custado, aproximadamente, 22 reais, contando a taxa de corretagem, emolumentos, registro, dentre outras taxas e impostos menores.

Pelamordedeus! Não tem o menor cabimento pagar tão caro e tão repetidamente por algo que deveria ser trivial. Depois dessa eu tenho certeza de que você, leitor, jamais vai cair na armadilha bizarra de um fundo mono ação e espero que vc espalhe essa informação o mais possível, pois este investimento não tem qualquer inteligência de gestão e deveria entrar em total desuso.

Compre você mesmo a ação que quiser, ou, se você quiser investir em uma gestora de fundos de investimento, tudo bem. Mas não pague um absurdo para alguém fazer uma soma e uma subtração ao final de cada pregão na Bolsa, pois só ele enriquece, à custa dos investidores, que só saem perdendo nesse péssimo negócio.

ERRO COMUM: INVESTIR EM FUNDO MONO AÇÃO

SOLUÇÃO: INVESTIR DIRETAMENTE, ATRAVÉS DE UMA BOA CORRETORA

Erro 2 – Pagar tarifas altas

Você já fugiu do fundo mono ação, mas pode cair na armadilha dos altos custos, que podem inviabilizar pequenos investimentos. Taxa de custódia/manutenção de conta. Taxa de corretagem alta. E sem nada para compensar, nem um serviço sequer!

Não faça isso! Invista em uma corretora que não tenha taxa de custódia/manutenção de conta e que tenha uma tabela de corretagem aceitável e condizente para o serviço que vc está contratando. Puxando a brasa para a minha sardinha, para citar um exemplo apenas, na XP Investimentos o investidor pagaria, aproximadamente, 22 reais na ordem de compra das ações da Petrobrás citadas anteriormente e ainda poderia contratar gratuitamente um serviço para alugar essas ações, gerando renda extra para ele a cada contrato encerrado, contratando gratuitamente o serviço de Custódia Remunerada.

Sem entrar em muitos detalhes, o aluguel de ações é uma renda paga às pessoas que tem ações em custódias (doadores com o serviço de Custódia Remunerada ativa) em troca do empréstimo temporário da custódia. No caso da Petrobrás, algo como 0,2% ao ano.

Usando aquele exemplo da pizza de novo, você investidor consciente que chegou até aqui pode agora entrar na "pizzaria" do mercado financeiro e pedir a sua pizza tranquilo. Ela vai te custar 22 reais e, ao invés de ter que voltar todo ano e pagar de novo por algo que já comeu, na verdade vc vai voltar todo ano para que a pizzaria te pague 100 reais, todos os anos, por, digamos, pegar emprestado uma foto sua para o mural das celebridades que já comeram ali. Afinal, você estará no seleto grupo de brasileiros que investe na Bolsa e recebe renda dela, sem pagar absurdos nem ao banco, nem a corretora. Uma exceção, com certeza! Mas que deveria ser a regra...

Outra taxa que vc pode e deve pagar o mínimo possível é a taxa de corretagem, que é o que a corretora cobra por cada ordem de compra ou venda enviada para a Bolsa.

Escolha uma corretora com corretagens boas que já agreguem o serviço de custódia remunerada e, caso você opere um certo número de vez ao mês (digamos, 5 ordens), você provavelmente poderá contratar um pacote de corretagem e baratear ainda mais o seu custo.

ERRO COMUM: PAGAR TARIFAS ALTAS

SOLUÇÃO: NÃO PAGAR TAXA E ATIVAR CUSTÓDIA REMUNERADA

Erro 3 – Pulverizar demais

Mesmo aquelas pessoas que nunca compraram uma ação na vida sabem de cor o mantra de que "nunca é bom colocar todos os ovos numa cesta só". Certo? Na Bolsa, errado. Especialmente se você é um investidor iniciante e que começa a montar a sua carteira.

Cada ordem de compra e de venda tem uma corretagem específica. Digamos que você queira comprar ações da VALE, que custam R$ 48,50 e tem 4 mil reais para investir. Você não conseguirá comprar o lote padrão de 100 ações, que custa 4.850 (sem as taxas ainda), mas sim 82 ações e mais um troco. Assim você terá que ir para o mercado fracionário, onde as ações são vendidas no intervalo entre 1 a 99.

As corretoras costumam cobrar menos por uma ordem no mercado fracionário, pois sabem que o montante investido ali é menor e, portanto, a taxa é mais relevante, mas não é uma diferença que faça a transação valer a pena, ainda assim o valor da taxa fica alto. Pode parecer pouco, mas gastar 10 reais, por exemplo, para adquirir pouco menos de 4 mil reais em ações no mercado fracionário equivale a 0,5% do seu lucro jogado no lixo, considerando uma ordem de compra e uma de venda (20, no total).

ERRO COMUM: OPERAR NO MERCADO FRACIONÁRIO

SOLUÇÃO: OPERAR APENAS COM LOTES PADRÃO (100 AÇÕES)

Compre ações que você possa comprar no lote padrão (múltiplos de 100 ações), não só porque as taxas são proporcionalmente menores, mas principalmente porque as ações de lote padrão podem geram renda mais facilmente (aluguel, lançamento coberto, etc.). Inclusive, toda vez que você adquire uma soma que chega a um lote as ações que antes eram do mercado fracionário imediatamente passam a valer no mercado padrão.

Exemplo: 33 ações da WXYZ3 na carteira, compra mais 70 ações = 100 ações lote padrão e 3 ações fracionários.

É fácil perceber que o mercado fracionário é um paliativo caro e transitório, que deve ser evitado para maximizar o retorno e diminuir os custos.

Mesmo assim, é comum encontrar investidores iniciantes com uma longa lista de ações na carteira, a maioria adquirida no mercado fracionário. Coloque poucos ovos na cesta e olhe a cesta! Trabalhe para que as ações escolhidas gerem retorno, além de serem boas empresas.

ERRO COMUM: PULVERIZAR COMPRANDO AÇÕES DEMAIS

SOLUÇÃO: COMPRAR POUCAS E BOAS AÇÕES LOTE PADRÃO

Erro 4 – Trabalhar sozinho

Imagine a seguinte história: você viaja pra França e volta entusiasmado com a ideia de abrir uma padaria, depois de comer todos aqueles croissants sensacionais. Você gosta do mercado e acha que sabe o que fazer, então você se atira sozinho, de peito aberto, para fazer tudo? Não contrata ninguém, simplesmente vai? Claro que não!

Pois é exatamente assim que o investidor iniciante na Bolsa age, por impulso, porque "gosta do mercado". Quase que inevitavelmente, ele tropeça em todos os erros anteriores e chega onde estamos agora, pagando caro e vivendo uma vida solitária, olhando para a tela do HB dia após dia, rezando paras as muitas ações subirem todas de uma só vez, ou para seu fundo mono ação caríssimo dar uma reagida.

Conheci vários investidores que tinham "esquecido" da Vale, porque tinham comprado perto do topo e ela desabou e demorou bastante tempo para voltar. Petrobrás também, dentre outras ações. Até saldo em conta significativo parado junto há mais de dez anos tinha também, dentro dessas histórias de abandono.

Existem diversas gestoras de fundos de renda variável com histórico consistente de atuação e rentabilidade, que, certamente, serão um acréscimo à carteira de qualquer investidor consciente. Dentre as tantas opções boas que temos no mercado brasileiro, basta procurar aquela que mais se adequa aos seus objetivos de rentabilidade e volatilidade.

Por que isso? Você pode achar excelente ver que um determinado fundo rendeu 20% no último ano, mas pode não ter estômago para uma volatilidade de 40% que acompanhou esse resultado, por exemplo. Isso significa que esse fundo chegou a estar perdendo significativamente durante o ano, antes de se recuperar e fechar no campo positivo.

Nada contra quem gosta de emoções fortes e está preparado para grandes volatilidades, na expectativa de que uma boa gestão possa trazer resultados acima da média. Esses resultados existem sim e o investidor deve se acostumar à ideia de ter bons fundos e novas estratégias consigo, para ajudá-lo a navegar em tempos diferentes, da crise à euforia das altas.

ERRO COMUM: TRABALHAR "SOZINHO"

SOLUÇÃO: INVESTIR EM BONS FUNDOS DE RENDA VARIÁVEL TAMBÉM

Erro 5 – Deixar saldo em conta, parado

Como ainda é incomum ver aquilo que seria o básico da gestão de uma boa carteira: saldo em conta 0,00. Todo o valor disponível aplicado, saldo zero. Em geral, as pessoas não se preocupam com o "troco", com os "quebrados", mas o impacto dessa atitude no longo prazo pode ser significativo, pois o custo de oportunidade é grande em não se receber nada em troca.

Um exemplo disso está no caso de uma pessoa que tinha 10.554,00 para aplicar e escolheu um CDB de 10 mil reais para aplicação. Sim, o mínimo para aplicação nesse caso era 10 mil e daí em diante os valores teriam que estar em múltiplos de 1 mil, correto, mas isso não quer dizer que este investidor não pudesse escolher, por exemplo, um fundo de renda fixa com aplicação mínima de 500 reais e aplicar o restante...

Da mesma forma, é comum encontrar esse erro no investimento em ações, pois as compras feitas em lotes padrão costumam deixar saldos. Para valores menores, uma alternativa interessante é o TESOURO SELIC, com aplicações a partir de pouco mais de 100 reais, ou mesmo outros títulos do governo cujo valor mínimo para investir é ainda menor.

ERRO COMUM: DEIXAR SALDO EM CONTA

SOLUÇÃO: APLICAR SEMPRE TUDO E TER SALDO EM CONTA DE 0,00

Erro 6 – Não rentabilizar a carteira

Como acionista, você investidor tem direitos que, muito provavelmente, desconhece. O direito de receber os rendimentos da empresa em que você é sócio (dividendos, juros sobre capital próprio, etc.) você pode já conhecer, pois eles são creditados diretamente na sua conta, mas será que você escolheu suas ações sabendo desse possível retorno? Mais importante ainda: sabe a diferença que faz esse retorno reaplicado?

Um único exemplo que mostra o impacto tão somente da reaplicação dos dividendos sobre as ações em carteira:

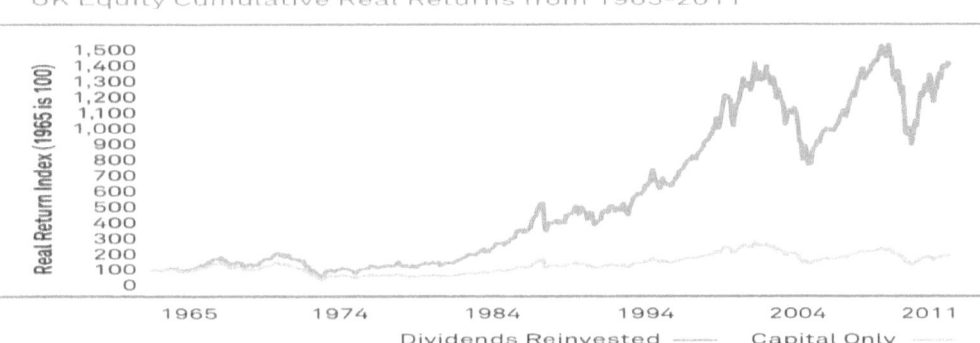

Fonte: Suno Research

A linha laranja representa o retorno das ações "paradas", "esquecidas" na carteira. Já a linha azul indica o retorno dessas mesmas ações com a reaplicação dos dividendos.

Outra forma de rentabilizar sua carteira de ações de forma direta e também muito pouco conhecida é a Custódia Remunerada, onde a corretora aluga suas ações para outros investidores e você ganha a rentabilidade desses contratos de aluguel, mantendo todos os outros rendimentos e direitos. É mais uma força positiva e reinvestida, aumentando o impacto no gráfico acima. Para isso, basta assinar o serviço gratuito e, toda vez que um contrato for encerrado, o valor já deduzido do IR respectivo, líquido portanto, vai aparecer em sua conta na corretora, podendo, inclusive, ser reinvestido imediatamente.

ERRO COMUM: NÃO RENTABILIZAR A CARTEIRA DE AÇÕES

SOLUÇÃO: CONHECER E REAPLICAR OS DIVIDENDOS E TER CUSTÓDIA REMUNERADA

Erro 7 – Não entender de verdade o que significa liquidez

Essa palavrinha tão pequeninha, tão comum e tão mau empregada, a tal da liquidez. Como melhoraria muito a vida de qualquer investidor iniciante perceber que sua liquidez vale muito dinheiro e, a partir daí, trocar parte dele por retornos maiores, aumentando o prazo e a qualidade de sua carteira.

Quanta gente ainda guarda valores expressivos na poupança, só porque ela é "líquida", pode resgatar a qualquer momento...

Também tem bastante gente "esperta" que deixa valores igualmente expressivos nos fundos de investimento automático dos bancos, achando que está fazendo um ótimo negócio...

Como a desinformação aqui é grande! Quão prejudicial é pensar assim!

Primeiro porque a poupança leva um mês inteiro para entregar a rentabilidade, o famigerado "dia de aniversário". Caso o investidor tire um dia antes, perdeu a rentabilidade do mês inteiro! E que rentabilidade "enorme", vamos combinar...

Já o fundo automático deposita as sobras da conta automaticamente, mas cobra uma taxa de administração absurda pra isso, o que faz dele um péssimo investimento nesses tempos de juros baixos, perdendo até para a poupança! Absurdo!

É no mínimo ridículo o investidor achar que está fazendo um belo negócio não aplicando na poupança e optando pelo fundo automático, só para perceber que, na realidade, ele está é enriquecendo os bancos, como se eles precisassem...

Todo investidor precisa de liquidez adequada e não faltam bons fundos de investimentos que entregam retornos interessantes com possibilidade de resgate em D+0 ou mesmo D+1, os chamados fundos caixa. Ou seja, uma vez solicitado o resgate ele cai na conta da corretora no mesmo dia útil (desde que dentro do horário de operação) ou, então, em até um dia útil após o pedido.

Desse modo, basta que o investidor tivesse um bom fundo D+0/D+1 na carteira, para aplicar bem os recursos que antes sobravam e eram desperdiçados. Assim, sempre que o investidor tiver os recursos suficientes para comprar aquela ação desejada ele resgata do fundo e aplica, sem perda de rentabilidade no processo.

ERRO COMUM: NÃO ENTENDER O QUE É LIQUIDEZ

SOLUÇÃO: TER UM BOM FUNDO CAIXA (D+0/D+1)

Como leitor, só de ter chegado aqui, se você cumpriu as etapas acima, pode parecer que o trem já está nos trilhos e está tudo pronto para o sucesso. Só que o sucesso nos investimentos sempre tem espaço para melhorias, como em tudo na vida. Sempre há o que fazer melhor, de forma mais inteligente, mais rentável, mais barata, enfim.

Um exemplo: contratar um pacote de corretagem. Você já aprendeu que deve pagar o mínimo possível de taxas, porque não olhar seu hábito de operações e perceber, por exemplo, que você poderia contratar um pacote de 5 ordens Bovespa no mês e ter um desconto significativo?

Outra coisa que sempre se deve ter em mente é que a quantidade de oportunidades e estratégias disponíveis no mercado é imensa. Por que não olhar com mais atenção para a carteira de dividendos sugerida pela corretora? Ou, então, aprender como e por que se faz um lançamento coberto de opções com as ações disponíveis em sua carteira?

Estudar e ler devem fazer parte da vida de crescimento de qualquer pessoa. Cercar-se de pessoas com a mesma inspiração e competentes, também. Procure ter uma assessoria ligada nos seus objetivos, procure participar mais ativamente do mercado, extraindo o máximo de informações e retornos para o seu investimento.

ERRO COMUM: NÃO SE APROFUNDAR

SOLUÇÃO: AVANÇAR E APRENDER SEMPRE

Comprar e manter ações em custódia com frequência e olhando o longo prazo faz parte da estratégia de qualquer pessoa que queira mudar de patamar financeiro na vida. Colocar essas ações para "trabalhar", escolhendo boas empresas que paguem sólidos dividendos, alugando suas ações, ou mesmo vendendo opções cobertas é estratégia fundamental, básica mesmo, e deveria fazer parte do vocabulário de todo investidor iniciante. As ferramentas para isso estão todas no mercado, são de fácil acesso e a elas vem se somar este livro, que tão somente buscou incentivar o que já deveria ser uma regra: a autonomia e a busca por opções de investimento na renda variável por parte dos investidores iniciantes.

Desde a abertura da conta, passando ao envio dos recursos e ao primeiro acesso ao Home Broker, a ideia era guiar os primeiros passos com firmeza na hora de comprar ações pela primeira vez.

Uma vez as ações em carteira, entender o que fazer com ela, como esperar que ela se comporte e como utilizar os frutos deste investimento, desde retornos passivos como dividendos e aluguel, como ativos, como venda de opções cobertas.

Os juros compostos de quaisquer aplicações a longo prazo são ferramentas poderosíssimas de crescimento patrimonial. É muito conhecido o cálculo de que se Judas tivesse investido as 30 moedas de prata que ele recebeu por trair Jesus a 2% livre de inflação ao ano hoje seu herdeiro hoje teria toda a massa da Terra em prata, algo impossível. Tantos juros em tão longo prazo realmente não fazem sentido prático, mas não precisa ser algo tão intangível para que fique claro o quanto os juros podem trabalhar ao nosso favor em nossas próprias vidas.

Imagine só se colocássemos aportes mensais, aluguel de ações, opções cobertas, enfim. Toda essa renda sendo investida e reaplicada por um jovem universitário de 20 anos em 1965 faria dele, quase que seguramente, um senhor muito bem aposentado em 2011, com patamar financeiro muito mais alto do que quando começou e impensável para a sua mocidade. O objetivo desse livro foi instigar as pessoas a seguirem esse caminho na renda variável, sem medo e com segurança.

PARA SABER MAIS

www.xpi.com.br

www.triunoinvestimentos.com.br

https://www.linkedin.com/in/rodrigo-baldin-396039b7

www.bmfbovespa.com.br